Gracie with Good News for You

GRACIE WITH GOOD NEWS FOR YOU

ISBN 0-85009-130-6 (Australia 1-86258-02806)

Printed in Italy.
Worldwide co-edition organised and produced by Angus Hudson Ltd, London.

WORD PUBLISHING
Word (UK) Ltd
England

Word Books Australia, Sunday School Centre Wholesale South Africa, Alby Commercial Enterprises Pte Ltd Singapore, Concorde Distributors Ltd New Zealand, Cross (HK) Company Hong Kong, Eunsung Corp Korea, Praise Inc Philippines.

Gracie

HAS GOOD NEWS FOR YOU!
GOD KNOWS YOU BEST,
LOVES YOU MOST,
AND WILL TAKE PERFECT
CARE OF YOU
IN ALL
SITUATIONS

JUST REMEMBER...

ROMANS 8:28

ALL THINGS WORK TOGETHER
FOR GOOD ... FOR THOSE
WHO LOVE GOD

ALL THINGS ... GOOD AND BAD,
WORK TOGETHER

ECCLES. 3:11

HE HATH MADE EVERYTHING
BEAUTIFUL IN HIS
TIME

AND REMEMBER ... HIS TIMING
IS PERFECT.

ROMANS 8:18

WHAT WE SUFFER NOW
IS NOTHING COMPARED TO THE
GLORY HE WILL GIVE US
LATER

AND IF HE SAYS IT
HE MEANS IT!

PROVERBS 16:9

WE SHOULD MAKE PLANS
KNOWING GOD WILL DIRECT
US

NO PLANS . . . NO DIRECTION

JOHN 16:33

BE OF GOOD CHEER:
I HAVE OVERCOME THE WORLD.

NOW... ISN'T THAT GREAT NEWS?

PROVERBS 18:10

THE LORD IS A STRONG FORTRESS
YOU CAN RUN TO HIM
AND BE SAFE

RUN TO HIM··· YOU CAN WEAR YOURSELF OUT RUNNING TO OTHERS

ISAIAH 40:31

THEY THAT WAIT ON THE LORD WILL SOAR ON WINGS LIKE EAGLES.

SEE... YOU'LL BE ABOVE IT IN NO TIME AT ALL!

NEH. 8:10

THE JOY OF THE LORD
IS YOUR STRENGTH.

HAVE A GOOD LAUGH...
ITS GREAT MEDICINE!

PSALM 4:8

I WILL LIE DOWN IN PEACE
AND SLEEP, FOR EVEN WHEN
I'M ALONE LORD,
YOU KEEP ME SAFE.

IT'S WONDERFUL...
HE KEEPS A 24 HOUR WATCH
OVER US!

JOHN 8:12

I AM THE LIGHT
OF THE WORLD

SO... JUST WALK WHERE THE LIGHT IS!

LUKE 12:28

IF THE LORD SO CLOTHES
THE GRASS WHICH IS HERE TODAY
AND GONE TOMORROW
... HOW MUCH MORE
WILL HE CLOTHE
YOU?

OH, HOW HE LOVES AND CARES
FOR US!

PHIL. 4:6

BE ANXIOUS FOR NOTHING
BUT IN EVERYTHING BY PRAYER
LET YOUR REQUESTS
BE MADE KNOWN
TO GOD

WORRY ABOUT NOTHING...
PRAY ABOUT EVERYTHING!

MORE GOOD NEWS...
GOD'S PROMISES ARE
SURE AND GOOD
FOR YESTERDAY
TODAY
AND
FOREVER

JUST REMEMBER THAT!

À ma famille

Olivier

ILLUSTRATIONS Olivier Audy

TEXTES Jean Daly

ces monuments qui racontent PARIS

DES ARÈNES DE LUTÈCE
À LA GRANDE ARCHE DE LA DÉFENSE

PARIGRAMME

SOMMAIRE

Paris est une grande ville et pourtant personne ne penserait à prendre une boussole pour s'orienter dans ses rues, ses avenues ou ses boulevards. Il est plus facile de se repérer grâce aux monuments dont les bâtisseurs, du temps des Romains à nos jours, se sont toujours efforcés de réaliser quelque chose de grand, de beau et d'unique.

On passe parfois devant eux sans vraiment les voir ni comprendre comment et pourquoi ils ont été bâtis. Quel dommage ! Tous nous disent pourtant quelque chose d'une époque, d'une manière de vivre à Paris, il y a parfois bien longtemps, mais racontent aussi les guerres et les révolutions...

Gouverner, prier, regarder des tableaux, écouter de la musique... les monuments ont été, et sont encore, des lieux où l'on vit. Certains, comme la tour Eiffel, sont connus dans le monde entier pour leur beauté et leur originalité. Sans eux, Paris ne serait plus Paris.

Il faut prendre son temps pour regarder ces bâtiments extraordinaires, écouter leur histoire et rêver aux époques passées. Dans les arènes de Lutèce, on sera gladiateur ; au musée de Cluny, on se verra en gente et douce dame ; on cherchera Quasimodo dans les tours de Notre-Dame et l'on s'imaginera danseuse étoile devant l'Opéra.

En visitant les monuments les plus anciens, on partagera un peu l'existence de tous les Parisiens d'autrefois ; en fréquentant les plus récents, comme Beaubourg ou La Villette, on participera au monde d'aujourd'hui.

Les monuments ne sont pas seulement là pour décorer la ville, mais lui donnent force et esprit.

LES *arènes* DE LUTÈCE

49, rue Monge, 5e arrondissement

LES ARÈNES DE LUTÈCE

Les arènes de Lutèce ont été construites alors que Paris était une ville romaine.
Les Romains adoraient les jeux, y compris les plus cruels. Dans ce lieu, les gladiateurs luttaient contre des lions, s'affrontaient avec toutes sortes d'armes ou participaient à des combats de chars. Et quand on en avait assez des spectacles sanglants, rien n'empêchait de transformer l'endroit en théâtre puisqu'une scène avait été prévue pour accueillir les comédiens.
Comme dans un cirque, les spectateurs s'installaient tout autour de la piste, sur les gradins dont on ne voit plus aujourd'hui qu'une partie. Les plus pauvres s'entassaient tout en haut et les riches se réservaient les meilleures places du bas d'où l'on ne perdait rien des combats.
Les arènes étaient assez grandes pour accueillir une énorme foule de 17 000 personnes.
Dans le mur situé sous les gradins, il reste trois cages où l'on gardait les fauves enfermés.

Les Romains se lavaient plus souvent que les Gaulois ! Dans toutes les villes qu'ils aménageaient, ils installaient en bonne place des thermes, sortes de salles de bains grandes comme des piscines. Il y avait trois thermes à Paris, mais il ne reste que quelques traces des plus grands d'entre eux, ceux de Cluny.

Pas question de prendre bêtement une simple douche ! Les thermes comprenaient plusieurs salles et les amis de la propreté commençaient toujours par la pièce la plus chaude, le *caldarium*, où l'on transpirait beaucoup ; ils allaient ensuite vers le *tepidarium*, une salle tiède, pour se détendre dans des baignoires installées le long des murs et finissaient par le *frigidarium*, franchement frisquet, pour se réveiller. Entretemps, ils avaient fait de l'exercice ou s'étaient reposés dans des cours voisines ou dans d'autres pièces situées à côté des bassins.

Le *frigidarium* a conservé son plafond voûté, ce qui est plutôt rare – et même unique en France –, pour un bâtiment romain.

LES thermes DE CLUNY

6, place Paul-Painlevé, 5e arrondissement

LE *musée* DE CLUNY

Ce petit château a été construit à la fin du Moyen Âge. En le regardant bien, on peut trouver beaucoup d'animaux sculptés sur ses murs, et particulièrement sous le toit ; on peut voir des écureuils, des lapins, des chiens et même des lions ! Ce château a été transformé en musée… du Moyen Âge bien sûr ! On y voit des vitraux de cathédrales, des sculptures, des armures, des bijoux, des objets de la vie quotidienne et de nombreuses tapisseries comme la célèbre *Dame à la licorne* – où apparaissent aussi plein d'animaux – qui illustre les cinq sens : la vue, l'ouïe, le goût, l'odorat et le toucher. Autour du musée, on a récemment planté un jardin qui ressemble à ceux du Moyen Âge et des collections de Cluny : on reconnaît notamment un espace où poussent les "simples", c'est-à-dire les plantes que l'on utilisait pour se soigner au Moyen Âge. Plus loin, la Forêt de la licorne est peuplée de bestioles qui semblent s'être échappées de la fameuse tapisserie.

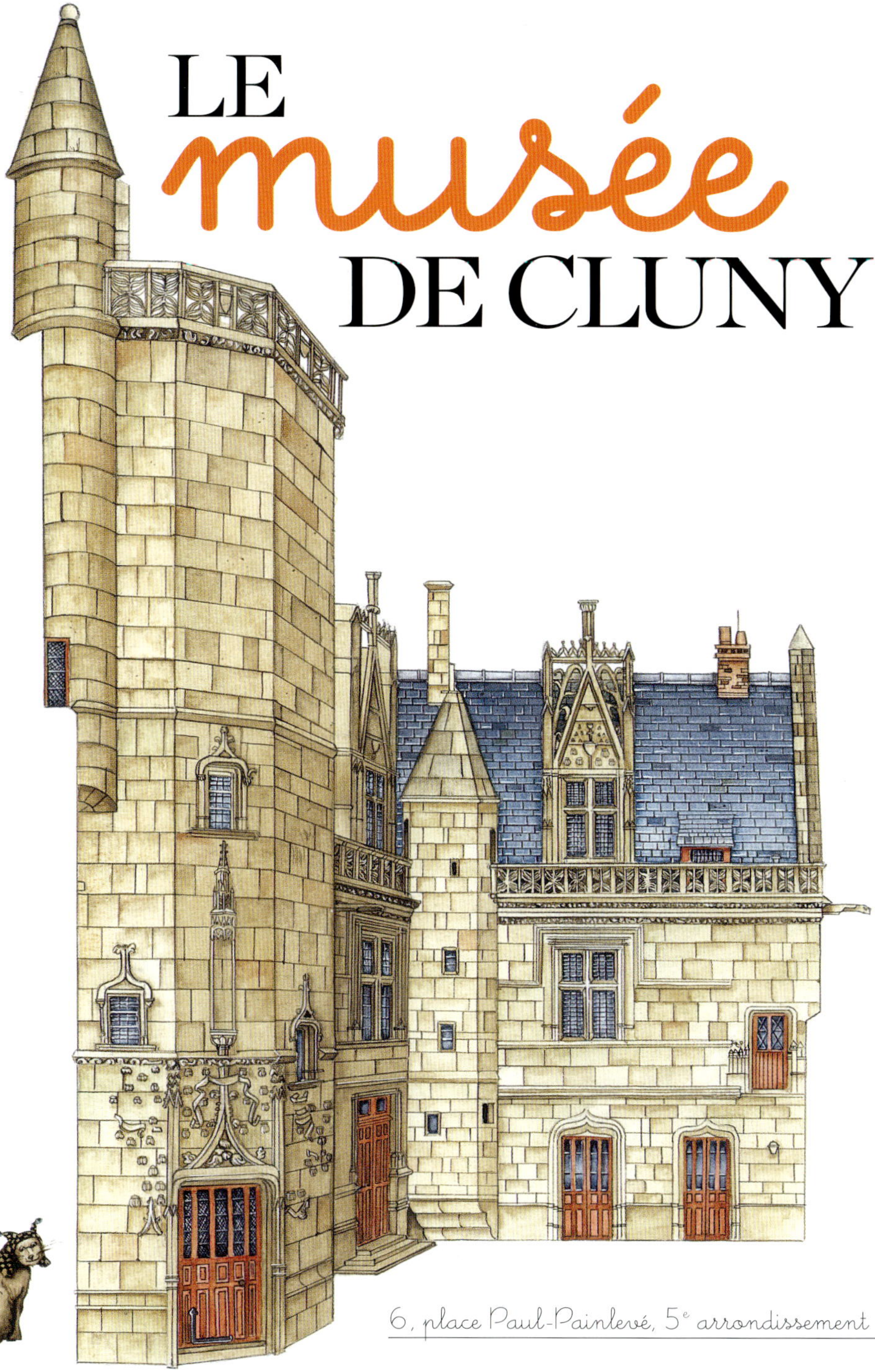

6, place Paul-Painlevé, 5e arrondissement

Notre-Dame DE PARIS

Place du parvis Notre-Dame, 4e arrondissement

La grande cathédrale de Paris fut construite au Moyen Âge sur l'île de la Cité, au cœur de Paris. Notre-Dame était alors un peu différente de ce qu'elle est aujourd'hui, d'abord parce que sa façade en pierre était peinte de couleurs vives, ce qui la faisait ressembler à une page de manuscrit enluminé, ensuite parce qu'elle n'était pas précédée d'une grande place (que l'on appelle un parvis), comme maintenant, mais entourée de maisons. Tout est grand dans Notre-Dame, car les constructeurs de cathédrales voulaient montrer leur foi en Dieu par des réalisations majestueuses. Le monument mesure 130 mètres de long et 48 mètres de large ; ses tours s'élèvent à 70 mètres de haut. Pour qu'une construction aussi importante soit bien solide, les bâtisseurs du Moyen Âge l'ont renforcée sur ses côtés extérieurs par des piliers appelés des arcs-boutants. Sur la façade, on remarque des statues alignées qui représentent les rois dont on parle dans la Bible. Au-dessus, le vitrail en rond (la grande rose) a 13 mètres de diamètre. De l'intérieur de la cathédrale, on a l'impression d'une véritable collection de pierres précieuses multicolores. Sur le parvis, devant la cathédrale, une plaque incrustée dans le sol indique le « kilomètre zéro » : sur toutes les routes de France, c'est à partir de ce point que l'on mesure les distances séparant Paris de l'endroit où l'on se trouve.

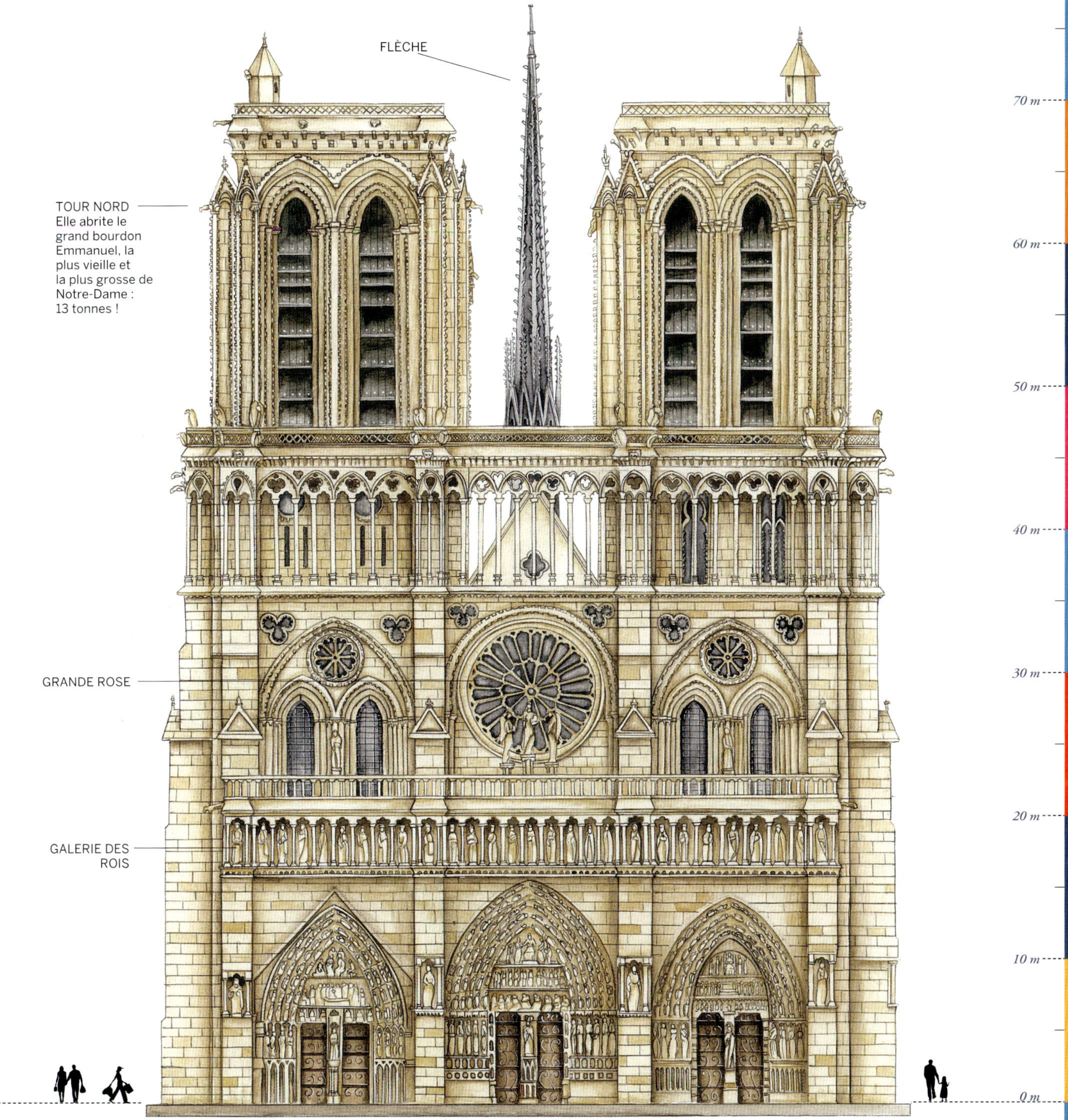
FLÈCHE
TOUR NORD
Elle abrite le grand bourdon Emmanuel, la plus vieille et la plus grosse de Notre-Dame : 13 tonnes !
GRANDE ROSE
GALERIE DES ROIS
70 m
60 m
50 m
40 m
30 m
20 m
10 m
0 m

Avant d'être un palais et un grand musée, le Louvre fut un château fort. C'est un roi du Moyen Âge, Philippe Auguste, qui, pour partir l'esprit plus tranquille en croisade, décida de protéger Paris par une solide muraille. Il fit aussi construire près de la Seine un gros donjon entouré de remparts dans lequel il mit son trésor bien à l'abri. Plus tard, un autre roi, Charles V, pensa que ce serait agréable d'habiter au Louvre si seulement l'endroit était un peu plus confortable. Aussitôt dit, aussitôt fait ! Le Louvre s'agrandit et devint une vraie demeure royale avec de beaux salons, de larges fenêtres, une bibliothèque, un jardin et une ménagerie… Ce grand château a été entièrement démoli par François Ier qui ne l'aimait pas du tout, et il n'en reste plus rien. Enfin… pas tout à fait ! En se glissant dans les sous-sols du Louvre, on peut voir que ce qui se trouvait en dessous de la surface est resté en place. Se promener dans les fossés, au pied des remparts ou faire le tour du donjon est une vraie aventure au parfum de mystère.

LE *Louvre* AU MOYEN ÂGE

Place du Carrousel, 1er arrondissement (sous la cour Carrée)

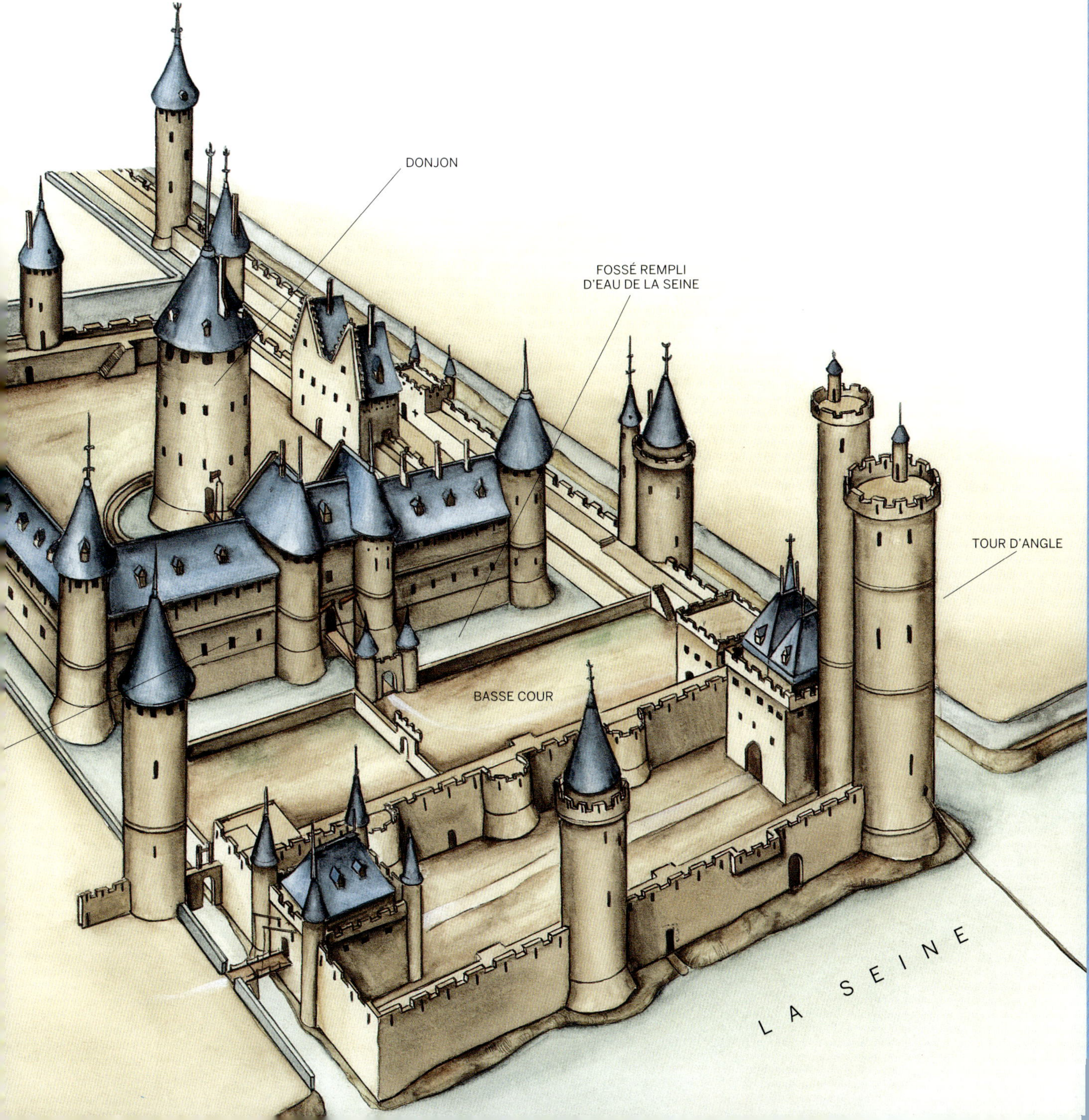
DONJON
FOSSÉ REMPLI D'EAU DE LA SEINE
TOUR D'ANGLE
BASSE COUR
LA SEINE

François Ier ne fit pas que détruire les tours datant du Moyen Âge ; il commença la construction d'un nouveau château, beaucoup plus beau, ressemblant à ceux que l'on bâtissait dans le Val de Loire. Après lui, d'autres rois continuèrent : Henri IV acheva, le long de la Seine, une longue galerie qui reliait le Louvre au château des Tuileries construit pour Catherine de Médicis, Louis XIV termina la cour que François Ier avait commencée et fit réaliser une grande façade à colonnes…
mais il restait encore beaucoup à faire! Les empereurs prirent le relais : Napoléon Ier s'attaqua à la construction des bâtiments du côté de la rue de Rivoli et Napoléon III acheva le travail… 300 ans après le début du chantier.
Entre-temps, le Louvre est devenu un musée… le plus grand du monde !
On vient aujourd'hui du monde entier pour y admirer les antiquités égyptiennes, grecques, romaines ou orientales, la peinture française, italienne, hollandaise ou anglaise, les sculptures, le trésor des rois de France…
Les collections sont si vastes qu'il a été nécessaire d'agrandir le musée et de le transformer. C'est pour cette raison qu'ont été construites, il y a quelques années, des installations souterraines et la fameuse pyramide de verre, devenue l'entrée principale du musée.

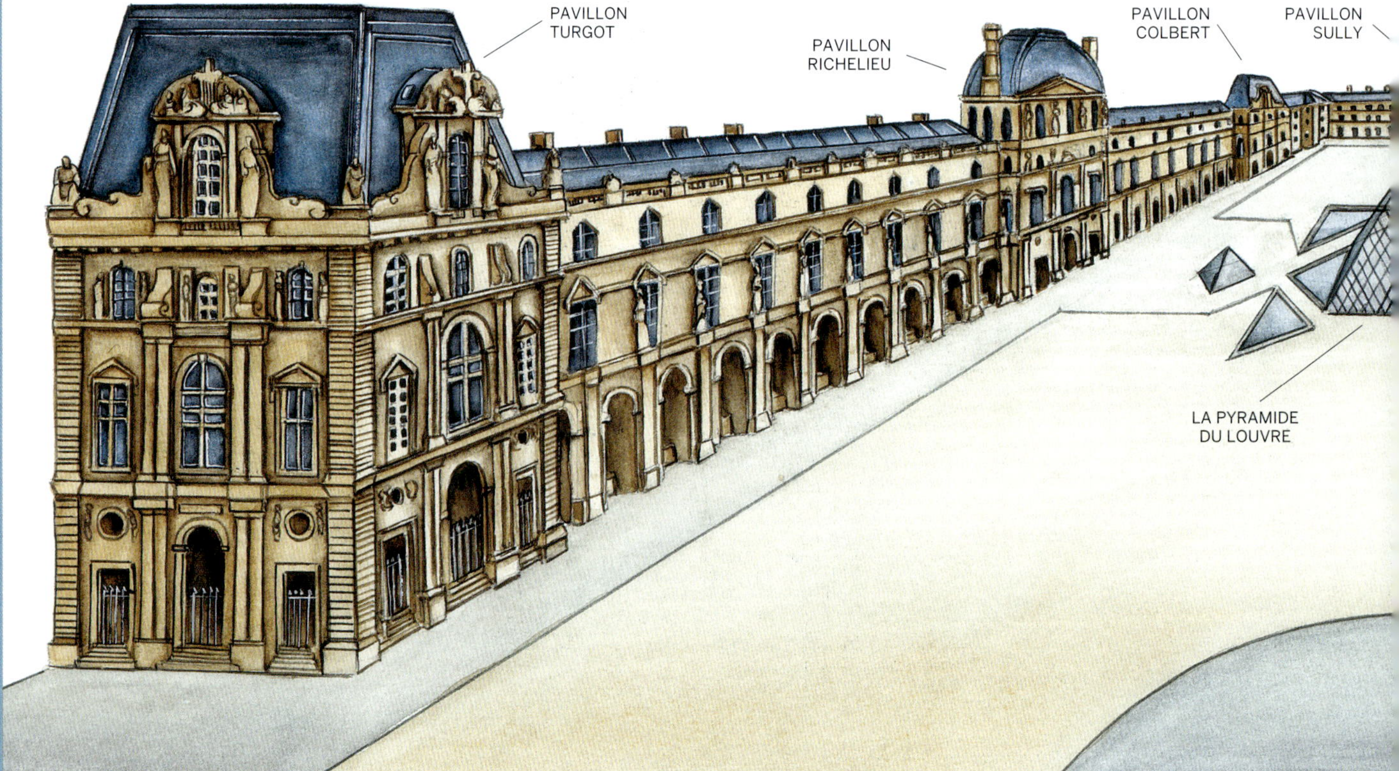

LE *Palais* DU LOUVRE

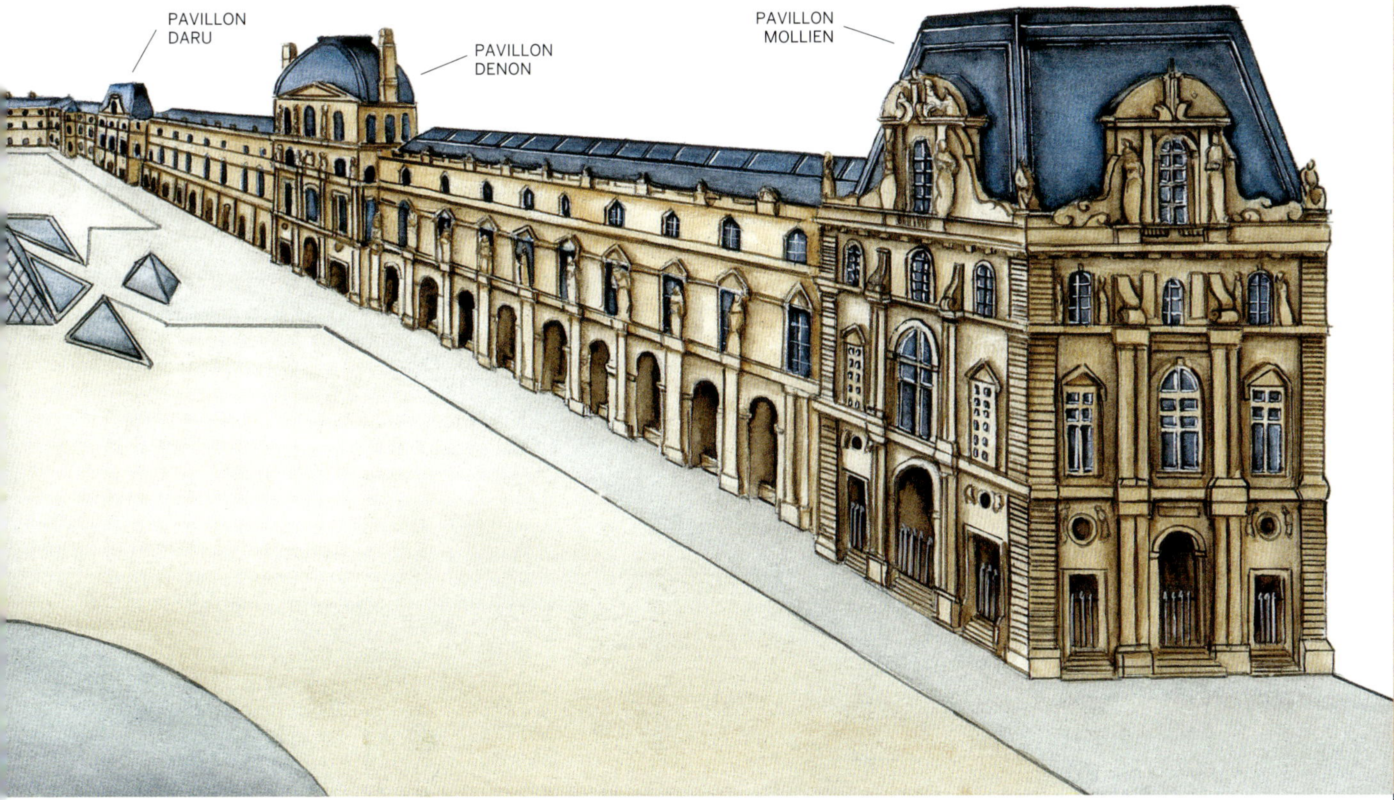

LA Sainte

Lors d'une croisade à Jérusalem, le roi Louis IX (Saint Louis) avait acheté un morceau de la croix sur laquelle Jésus était mort ainsi qu'un bout de sa couronne d'épines.
Ces objets avaient, à ses yeux, plus de valeur qu'un trésor, et il n'était pas question de les ranger dans un placard. Le roi préféra les placer dans une très belle chapelle qu'il fit construire à côté de son palais.
C'est ainsi que naquit la Sainte-Chapelle dont les magnifiques vitraux racontent, comme dans une bande dessinée, la vie de Jésus et des histoires de la Bible.
À côté de la Sainte-Chapelle se trouve la Conciergerie, construite elle aussi au Moyen Âge par le petit-fils de Saint Louis. Les quatre grosses tours étaient alors un peu moins hautes mais ressemblaient beaucoup à celles que l'on peut voir aujourd'hui.
Sur la première tour, la seule qui soit carrée, est fixée l'horloge la plus ancienne de Paris, vieille de plus de 400 ans !
La Conciergerie fut longtemps une prison dont les cachots, sombres et minuscules, n'étaient pas des endroits très agréables. Beaucoup de personnages célèbres y furent enfermés, particulièrement pendant la Révolution, comme Marie-Antoinette, la femme du roi Louis XVI.

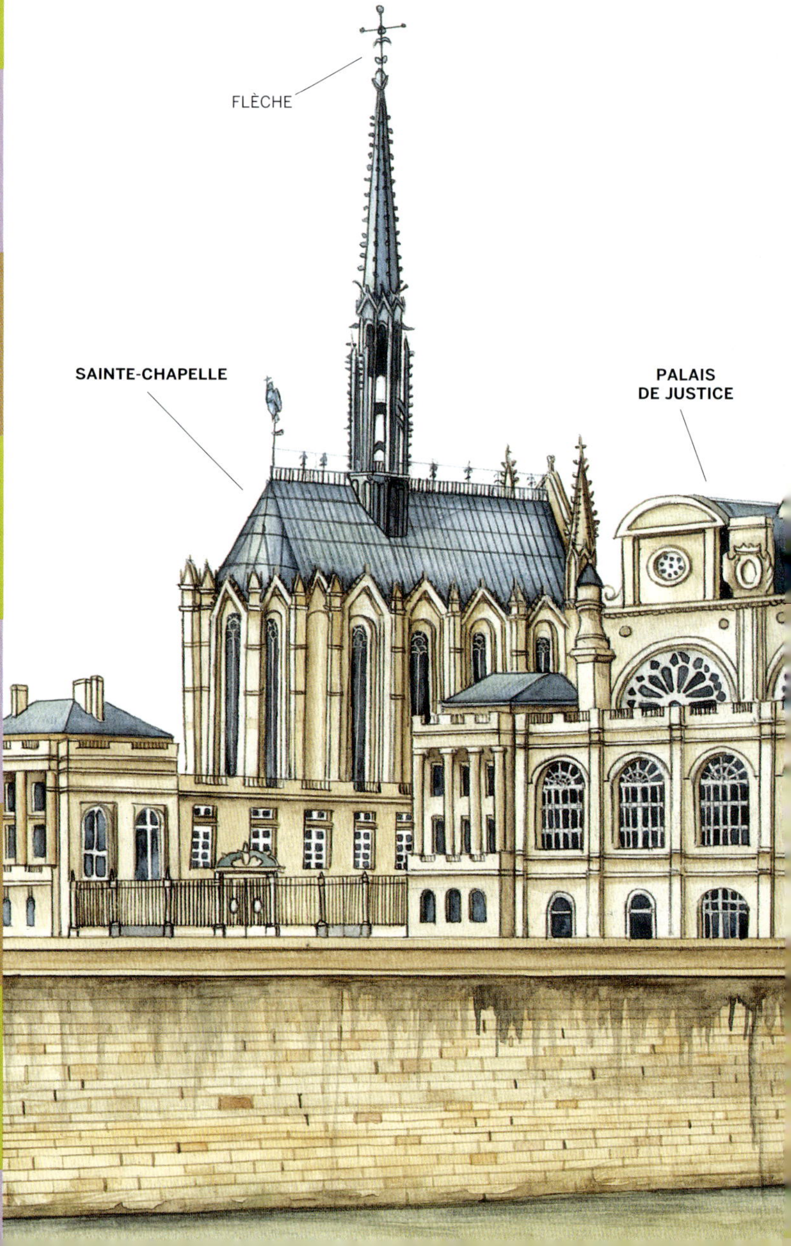

Chapelle ET LA CONCIERGERIE

4, boulevard du Palais et 1, quai de l'Horloge, 1er arrondissement

L'HÔTEL Carnavalet

23-25, rue de Sévigné, 3e arrondissement

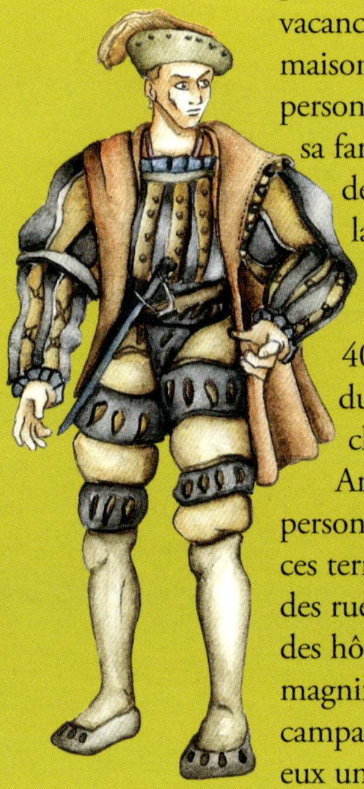

Un hôtel particulier n'est pas un immeuble où on loue une chambre pour passer quelques jours de vacances, mais une très belle maison construite pour un personnage important et sa famille. Pour bâtir ces demeures, il fallait de la place, bien sûr, et il y en avait beaucoup, il y a un peu plus de 400 ans, dans le quartier du Marais, couvert de champs et de cultures. Aristocrates et riches personnages achetèrent ces terrains, aménagèrent des rues et se firent bâtir des hôtels particuliers magnifiques dans ce coin de campagne, qui devint grâce à eux un endroit très chic !

Sur des champs situés aux environs de la rue des Francs-Bourgeois, on éleva donc un hôtel, le premier à Paris qui soit entre une cour, donnant sur la rue, et un jardin où l'heureux propriétaire de ce petit palais pouvait se promener tranquillement. Il devint ainsi une sorte de modèle dont on s'inspira pour construire les autres hôtels des environs.
L'hôtel a appartenu à la femme d'un gentilhomme nommé Kernevenoy, et c'est la déformation de ce nom compliqué qui a donné celui de Carnavalet. Aujourd'hui, l'hôtel est devenu un musée passionnant consacré à l'histoire de Paris, de la préhistoire à nos jours.

AILE
SUR LA RUE DE SÉVIGNÉ
COUR INTÉRIEURE

LE Pont-Neuf

Sur la Seine, 1er et 6e arrondissements

Ne devrait-on pas plutôt l'appeler le "Pont-Vieux" ? Le Pont-Neuf est en effet le pont le plus ancien de Paris ; les autres, moins solides, ont été plusieurs fois détruits et reconstruits. C'est le roi Henri IV, dont la statue équestre a été placée sur le pont, qui lui donna son nom et l'inaugura il y a presque 400 ans.
Ce pont était le premier qu'on construisait sans le border de maisons comme on le faisait auparavant ; on pouvait enfin voir la Seine en le traversant.
Il y avait aussi des trottoirs pour les passants – qui n'avaient pas l'habitude que l'on s'occupe aussi bien d'eux – et des renfoncements dans lesquels les piétons pouvaient se mettre à l'abri. Tout cela était si nouveau et si beau que les Parisiens aimèrent tout de suite le Pont-Neuf qui devint un lieu de promenade. On y trouvait des marchands, des dentistes de plein air, des jongleurs, des comédiens… et aussi de nombreux voleurs qui profitaient de l'inattention de ceux qui regardaient l'un ou l'autre des spectacles du Pont-Neuf pour leur dérober leur bourse.

LES Ponts DE PARIS

Après le Pont-Neuf, beaucoup d'autres ponts ont été construits à Paris – il y en a 36 aujourd'hui – et chacun possède son histoire. En voici trois, particulièrement appréciés des Parisiens :

La passerelle des Arts ne s'emprunte qu'à pied ; c'est un pont très poétique. On s'y promène sans avoir à se soucier des voitures tout en découvrant une vue splendide sur l'île de la Cité.

Le pont Alexandre-III est certainement le plus beau des ponts de Paris avec ses guirlandes et ses statues dorées. Il a été construit pour prolonger la grande avenue venant de l'esplanade des Invalides. Il porte le nom d'un tsar parce qu'au moment de sa création, on a voulu montrer combien la Russie et la France étaient des pays amis.

Le pont de l'Alma n'est peut-être pas le plus élégant, mais il est très célèbre pour sa statue du soldat – qu'on appelle un zouave – et que les Parisiens ont toujours regardé comme une sorte de baromètre de la montée des eaux de la Seine : "Tiens, il a les pieds mouillés !", "Ça devient grave, il en a jusqu'aux genoux !" Lors de la très grande inondation de 1910, seule la tête du zouave était encore hors de l'eau.

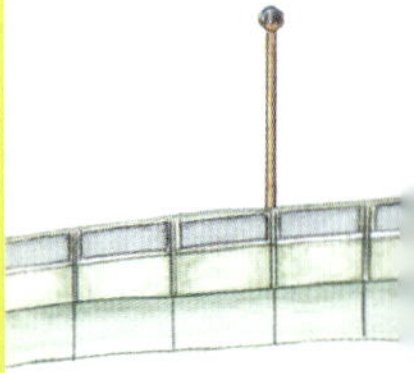

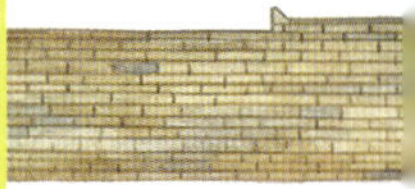

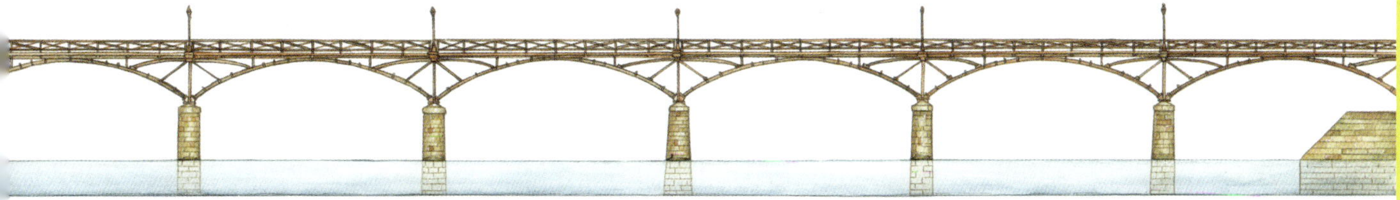

LA PASSERELLE DES ARTS

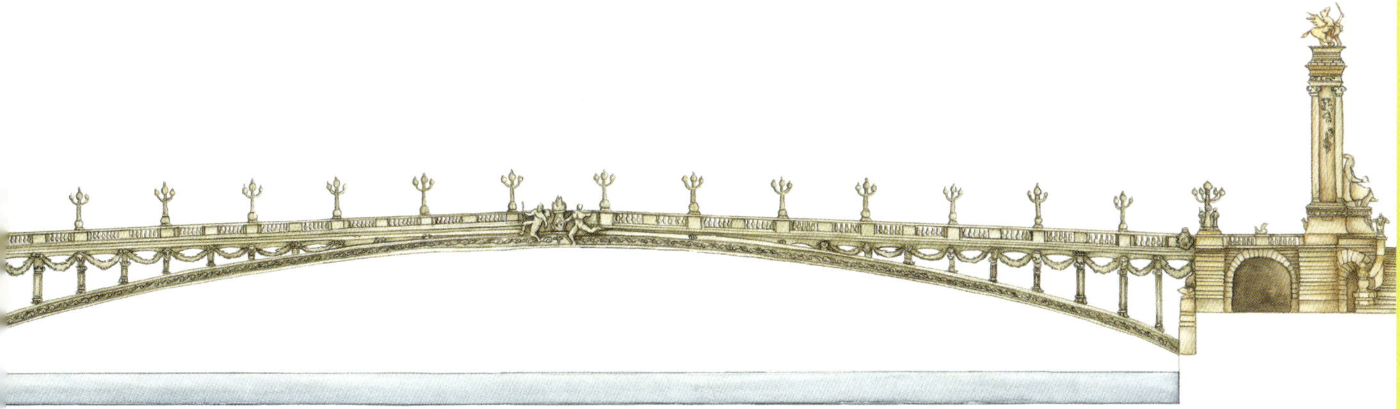

LE PONT ALEXANDRE-III

LE PONT DE L'ALMA

LA PLACE DES *Vosges*

4e arrondissement

La place des Vosges est la première vraie place qui ait été créée à Paris. Avant elle, il y eut, au même endroit, un palais occupé par les rois de France puis, après sa destruction, un marché aux chevaux.

Le roi Henri IV, qui voulait que Paris soit la plus belle ville du monde, décida d'en faire une place royale dont toutes les maisons seraient construites exactement de la même manière. Au rez-de-chaussée, les promeneurs peuvent flâner le long des boutiques tout en

étant abrités par une galerie couverte ; au-dessus, les maisons sont toutes construites en brique et en pierre et coiffées d'un toit d'ardoises grises.

La place devint vite très à la mode : on y organisa des fêtes et de nombreux nobles et de riches bourgeois y habitèrent. Plus tard, des comédiens, des hommes politiques ou des écrivains – dont le plus célèbre fut Victor Hugo – trouvèrent eux aussi la place des Vosges à leur goût et s'y installèrent. Au fait, que viennent faire les Vosges – département de l'est de la France – en plein Paris ? Il se trouve, tout simplement, que les Vosgiens furent les premiers à bien payer leurs impôts, il y a 200 ans, et qu'on a voulu les en remercier en donnant le nom de leur région à la place.

LE PALAIS DU Luxembourg

15, rue de Vaugirard, 6e arrondissement

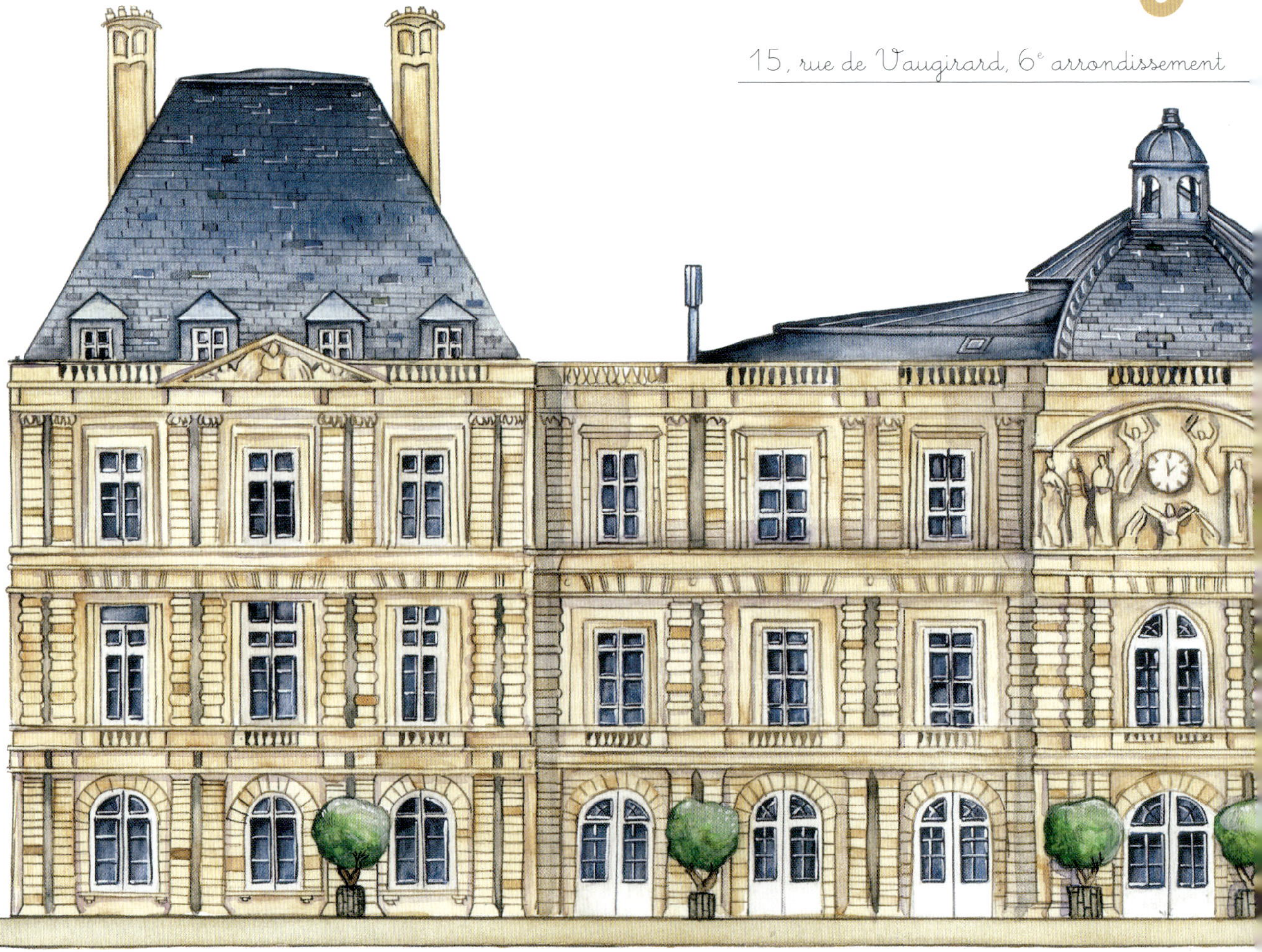

Ce beau palais a été construit pour Marie de Médicis qui était la femme du roi Henri IV. Comme elle était italienne, Marie voulait une maison entourée de jardins qui lui rappelle un peu son pays. Elle choisit un endroit qui était alors en pleine campagne… et dut faire preuve de beaucoup de patience puisqu'il fallut une quinzaine d'années pour bâtir, aménager et décorer le château de ses rêves. Le résultat en valait vraiment la peine car, une fois terminé, le palais était superbe : les plus grands peintres, les meilleurs tapissiers, les sculpteurs les plus habiles, les ébénistes les plus talentueux avaient fait de chaque pièce une petite merveille. Le jardin, qui était encore plus grand qu'il ne l'est aujourd'hui, était aussi une réussite avec ses belles allées, ses terrasses et ses fontaines. Malheureusement pour elle, Marie de Médicis n'habita pas très longtemps son beau château : il arrive parfois que la vie d'une reine soit compliquée et Marie dut en effet quitter Paris et même la France cinq ans seulement après avoir déménagé au Luxembourg. Aujourd'hui, le palais n'est plus celui d'une reine mais abrite les sénateurs qui, comme les députés, proposent et votent les lois. Le jardin est, lui, à tout le monde et l'on peut s'y promener très agréablement pour admirer les statues des reines de France ou regarder les petits bateaux naviguer sur le bassin.

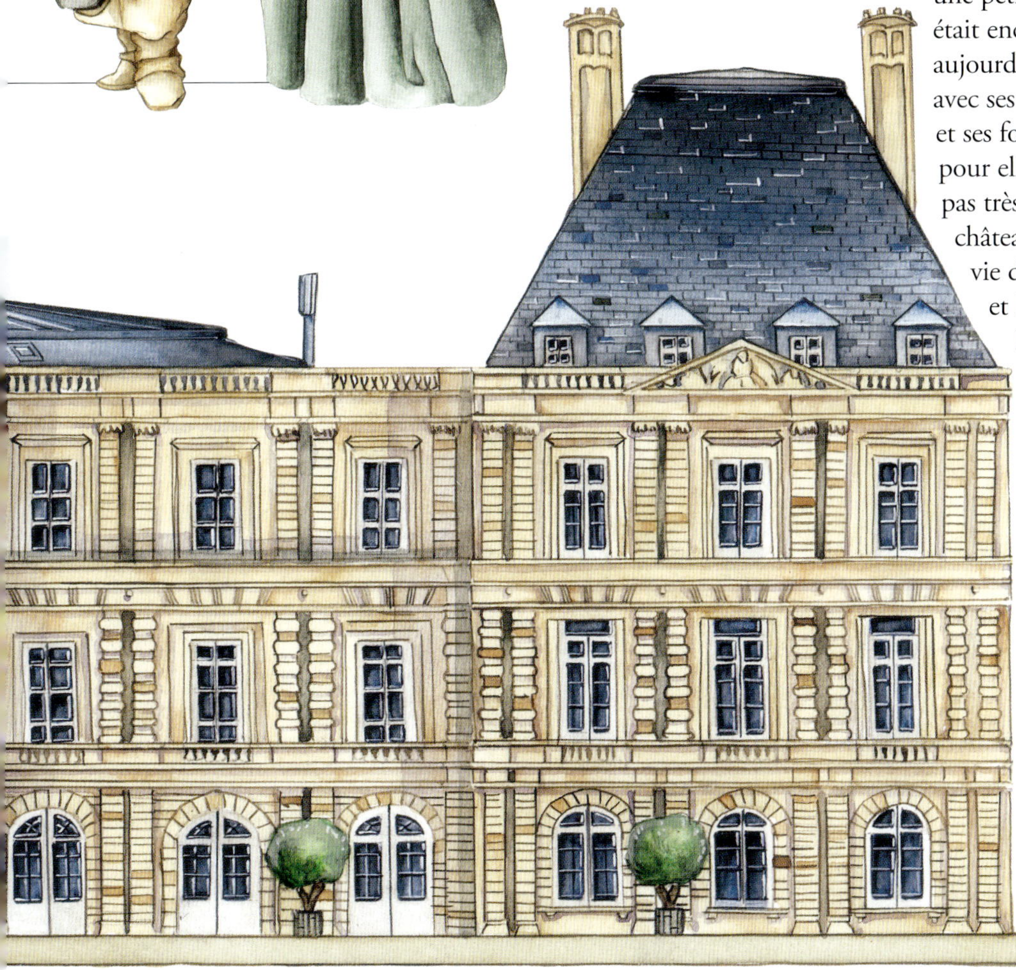

Le Palais-Royal s'est d'abord appelé Palais-Cardinal, car il avait été construit pour le cardinal de Richelieu qui fut le ministre très important et très riche du roi Louis XIII. À sa mort, il donna au roi son palais… qui prit le nom de Palais-Royal. Ce palais ne fut pourtant jamais habité par des rois, mais plutôt par leurs familles ou par des protégés. Il ne reste pratiquement plus rien du palais de Richelieu, car certaines parties brûlèrent dans un incendie et le reste du domaine fut complètement modifié quand l'un de ses propriétaires décida de construire des immeubles d'habitation, des boutiques et des cafés pour gagner son argent de poche avec les loyers. Aujourd'hui, les promeneurs apprécient le calme du jardin et les enfants adorent sauter sur les colonnes de différentes hauteurs installées dans la cour d'honneur.

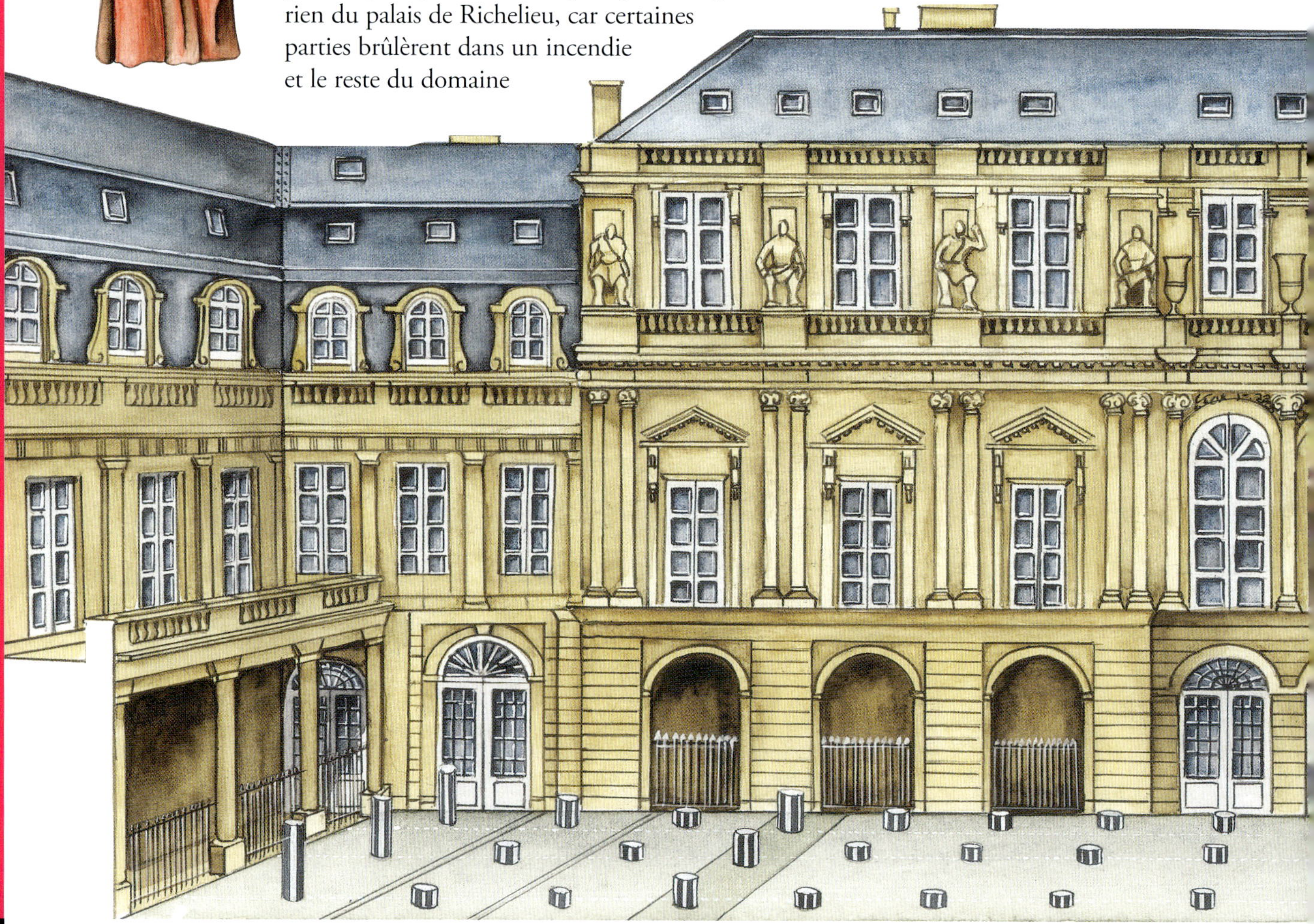

LE Palais-Royal

Place du Palais-Royal, 1er arrondissement.

LES Invalides

Esplanade des Invalides, 7e arrondissement

C'est Louis XIV qui créa l'hôtel des Invalides, à son époque en pleine campagne, pour recueillir et soigner les soldats blessés à la guerre ou ceux qui étaient trop vieux pour continuer à se battre. Il ne s'agissait pas d'une petite pension de famille : jusqu'à 5 000 soldats vécurent ici en même temps. Il y avait de vastes dortoirs, une infirmerie, des cantines, des ateliers... et une église, appelée église des Soldats. Bien qu'elle soit très réussie, cette église posait un gros problème : elle n'avait qu'une seule porte et Louis XIV, qui n'était pas Roi-Soleil pour rien, voulait avoir son entrée bien à lui. Vos désirs sont des ordres, Majesté ! On construisit une nouvelle église, juste derrière la première, coiffée d'un splendide dôme doré comme… le soleil : le roi disposait ainsi, enfin, d'une entrée qui lui était strictement réservée.
C'est sous le dôme de cette église construite pour un roi qu'on a installé, plus tard, le tombeau de l'empereur le plus célèbre de France, Napoléon Ier.

DÔME RECOUVERT
DE 555 000 FEUILLES
D'OR FIN

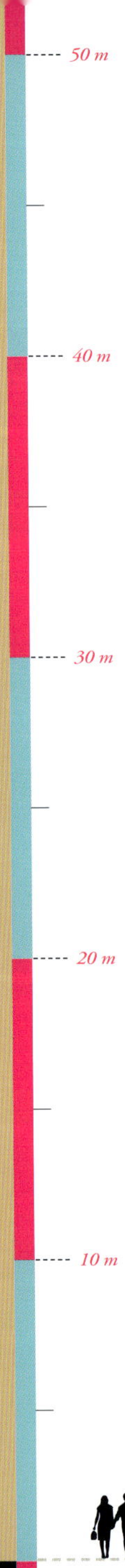

Colonnes
EN TOUS GENRES

L'obélisque de la place de la Concorde mesure 23 mètres de haut. Il a été installé à Paris il y a un peu plus de 150 ans mais c'est quand même la colonne la plus ancienne qu'on puisse voir dans la capitale.
Cet obélisque, avant qu'il ne vienne en France, était en effet installé devant un temple égyptien, comme l'avait voulu un pharaon, il y a plus de 3 000 ans.

Place de la Concorde,
8ᵉ arrondissement

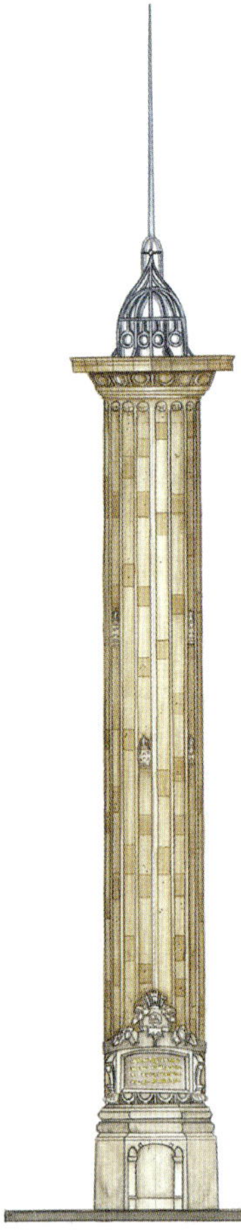

La colonne "astrologique", haute de 31 mètres, est tout ce qui reste du palais qu'avait fait construire Catherine de Médicis, reine de France, à côté des Halles. La reine et son astrologue grimpaient souvent tout en haut de cette colonne pour tenter de lire l'avenir dans les astres.

Rue de Viarmes,
1ᵉʳ arrondissement

La colonne de la place Vendôme est haute de 44 mètres. Elle a été élevée par Napoléon Ier en utilisant le métal des canons ennemis récupérés lors de la bataille d'Austerlitz. Tout en haut se trouve une statue de Napoléon habillé comme l'un des empereurs romains qu'il admirait beaucoup.

Place Vendôme,
1er arrondissement

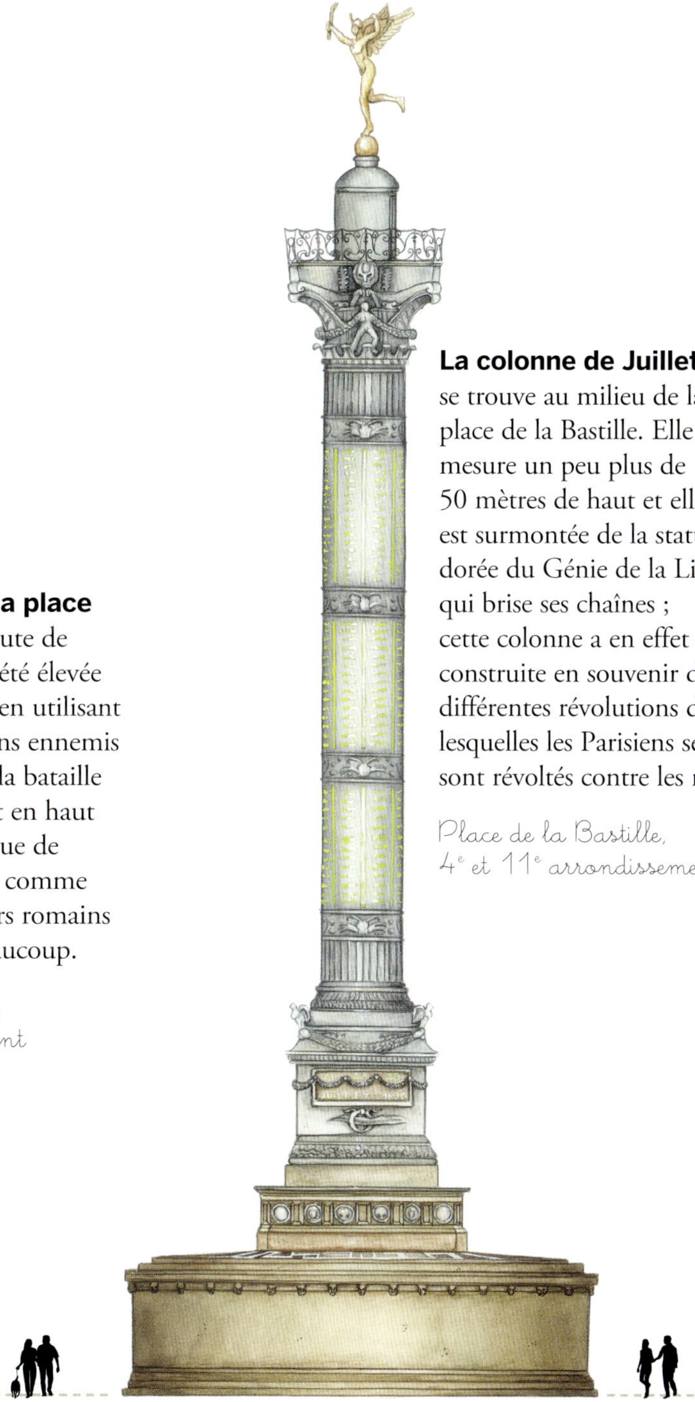

La colonne de Juillet se trouve au milieu de la place de la Bastille. Elle mesure un peu plus de 50 mètres de haut et elle est surmontée de la statue dorée du Génie de la Liberté qui brise ses chaînes ; cette colonne a en effet été construite en souvenir des différentes révolutions durant lesquelles les Parisiens se sont révoltés contre les rois.

Place de la Bastille,
4e et 11e arrondissements

50 m
40 m
30 m
20 m
10 m
0 m

L'Arc
DE TRIOMPHE

Place Charles-de-Gaulle, 8e arrondissement

Un arc de triomphe est un monument qu'on construisait après une victoire militaire pour y organiser des défilés et montrer comme les soldats sont forts et leurs chefs courageux. C'est une invention romaine mais on trouve des arcs de triomphe dans différents pays. Il y en a plusieurs à Paris ; le plus grand et le plus célèbre est celui de la place de l'Étoile. C'est Napoléon Ier qui l'a voulu après avoir remporté la bataille d'Austerlitz. Sa construction, compliquée, prit une trentaine d'années, et Napoléon était mort depuis bien longtemps quand l'Arc fut terminé. Avec 50 mètres de hauteur, il détient le record de tous les arcs de triomphe. À droite, une sculpture montre le départ des volontaires pour l'armée alors que la patrie, en pleine Révolution, est déclarée en danger ; elle est connue sous le nom de *La Marseillaise*, notre hymne national (“Allons enfants de la patrie…”). Sous la voûte de l'Arc, on a gravé les noms de 150 victoires militaires et de plus de 650 officiers. Après la Première Guerre mondiale, durant laquelle plusieurs millions de soldats sont morts, on a installé sous l'Arc la tombe du “soldat inconnu”, un jeune homme tombé au champ de bataille et dont personne ne connaît le nom. Il est enterré là pour qu'on n'oublie pas tous ceux qui ont sacrifié leur vie pour défendre la France. Au-dessus de cette tombe, des militaires rallument tous les jours, à 18 heures, la flamme du souvenir.

LA BASILIQUE DU Sacré-Cœur

Place du parvis du Sacré-Cœur, 18e arrondissement

Sur la butte Montmartre, la basilique du Sacré-Cœur domine tout Paris : de son sommet, s'il fait beau, s'il n'y a pas de gros nuages de pollution, et si on a de bons yeux… on peut découvrir le panorama jusqu'à 50 kilomètres. La construction de la basilique, très difficile, a duré 40 ans. Être posée en haut d'une colline permet d'être vue de loin mais présente un inconvénient de taille : le sous-sol de Montmartre n'étant pas solide du tout, il a fallu creuser à plus de 80 mètres de profondeur et installer des gros piliers en béton pour éviter que le monument ne s'écroule… Tous les visiteurs de Montmartre sont frappés par la blancheur du Sacré-Cœur. Ce n'est pas parce qu'on le repeint tous les jours, mais parce qu'il a été construit avec une pierre spéciale qui blanchit dès qu'il pleut. Et, comme chacun sait, il pleut assez souvent à Paris !

L'Opéra DE PARIS

Place de l'Opéra, 9e arrondissement

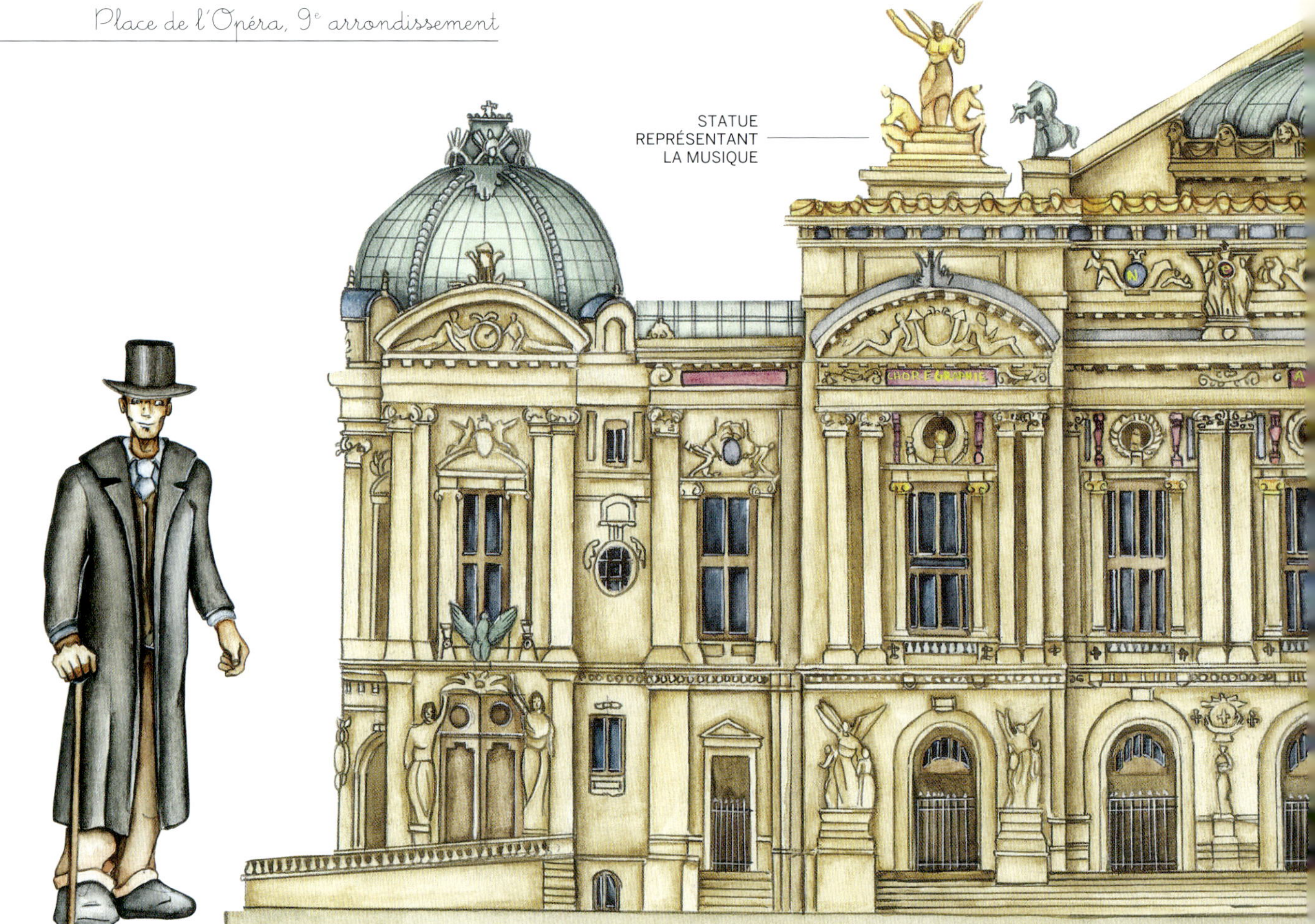

La danse et la musique classiques sont ici chez elles. L'Opéra de Paris s'appelle aussi le Palais-Garnier, du nom de son architecte.
On n'a pas fait les choses à moitié quand il s'est agi de construire cet opéra : pour qu'il soit bien visible de tous, une nouvelle avenue – de l'Opéra, bien sûr – et une belle place ont été aménagées. Le bâtiment lui-même est décoré de colonnes, de statues et de dorures. Sur le toit, une statue figure le dieu Apollon, tenant une lyre au-dessus de sa tête, et deux autres statues représentent la danse et la musique. Il n'y a pas que des êtres inanimés sur ce toit : une ruche y est installée, dont les abeilles vont butiner les fleurs du jardin des Tuileries.
À l'intérieur de l'Opéra, un magnifique escalier, digne du château d'un roi, conduit aux balcons d'où l'on peut assister, en hauteur, au spectacle dans une salle rouge et or éclairée par un lustre gigantesque qui pèse 8 000 kilogrammes. Chut ! Quand les lumières s'éteignent, les conversations s'arrêtent et les artistes entrent en scène. Dans les coulisses, ceux qu'on ne voit jamais, machinistes, éclairagistes, costumiers… veillent au bon déroulement du spectacle.

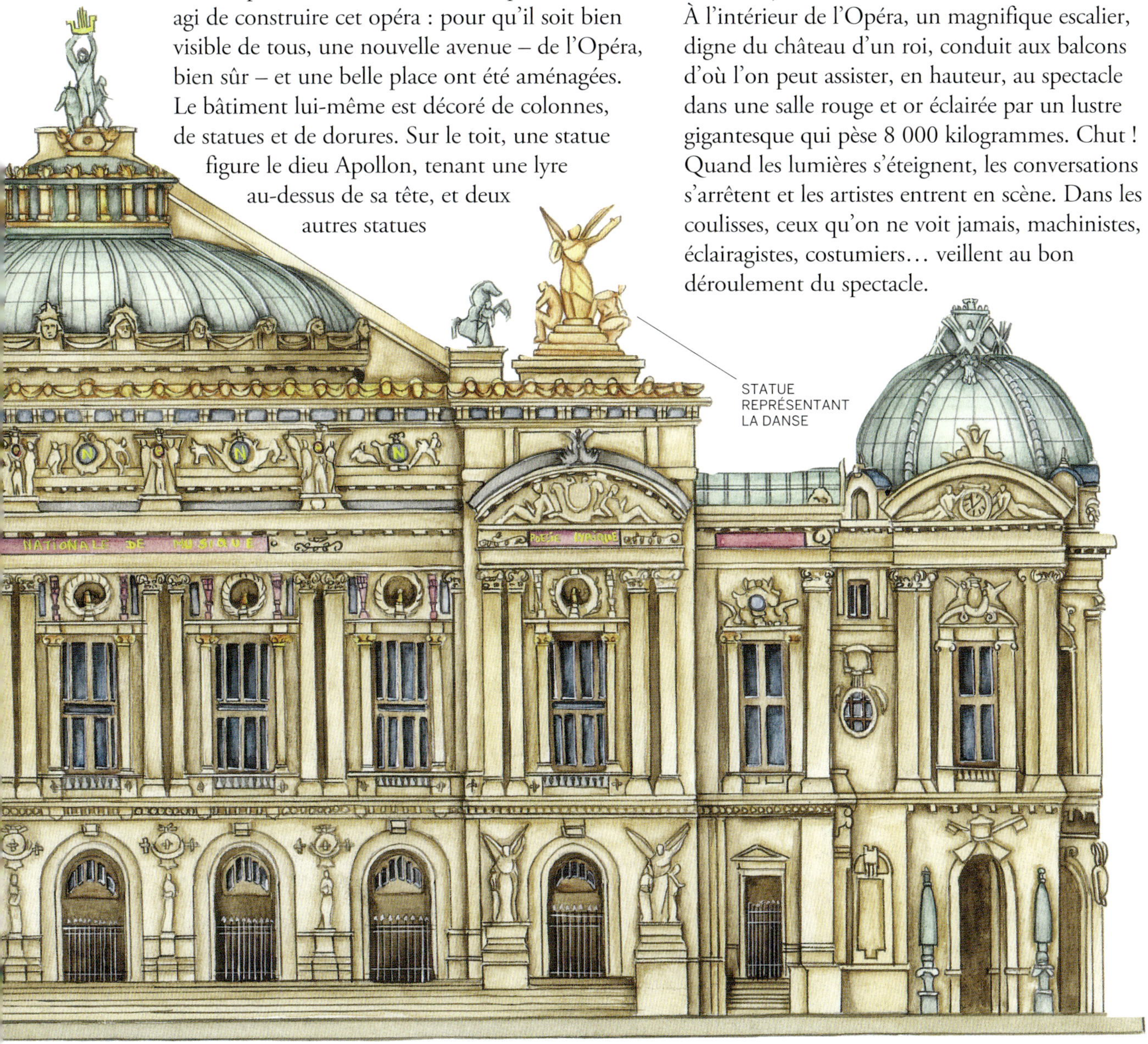

L'Hôtel DE VILLE

Place de l'Hôtel de Ville, 4e arrondissement

C'est ici que le maire de Paris et les milliers de personnes qui travaillent avec lui se chargent de faire en sorte que tout marche bien dans la ville et qu'il soit agréable d'y habiter. L'Hôtel de Ville date d'il y a un peu plus d'un siècle, mais il ressemble à une construction plus ancienne. Pourquoi ? Tout simplement parce qu'avant le monument d'aujourd'hui il y en avait un autre, commencé par le roi François Ier, durant la Renaissance, et terminé par Henri IV. Il fut malheureusement complètement détruit par un incendie. Au moment de le remplacer, on décida finalement… de recopier l'ancien bâtiment.

Au Moyen Âge, il y avait déjà au même endroit une maison où se réunissaient les marchands importants dont le chef était déjà une sorte de maire de la ville. Sur la place qui se trouvait devant cette maison, on organisait de grandes fêtes, mais aussi de terribles supplices pour punir les criminels ou les voleurs. Brrr !

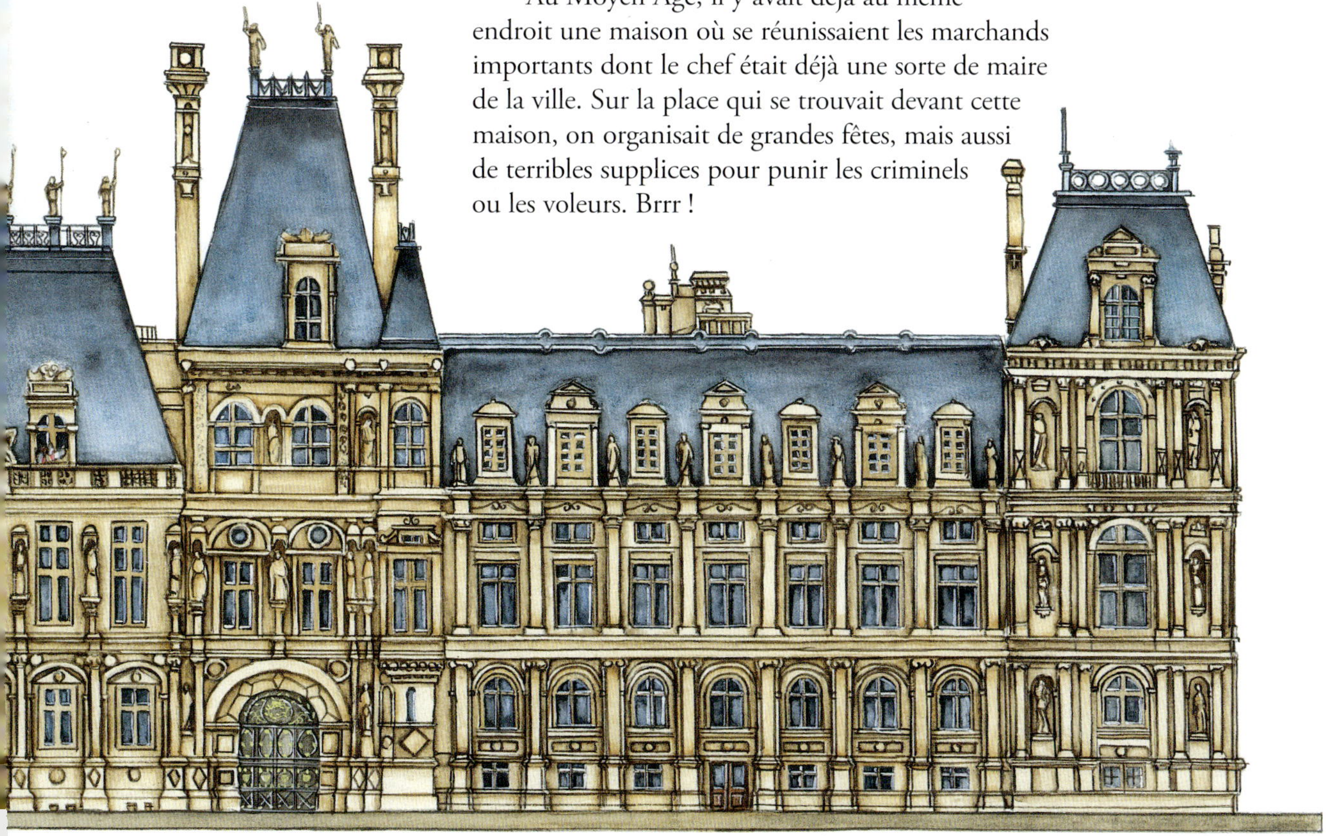

320 m 280 m 240 m 200 m

La tour EIFFEL

Champ de Mars, 7e arrondissement

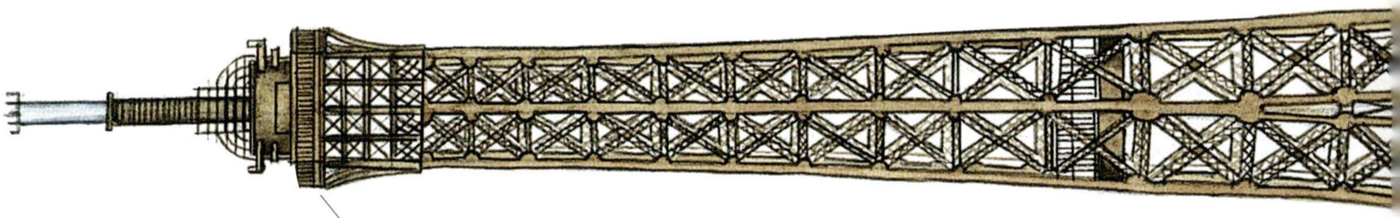

La tour Eiffel est le plus célèbre des monuments parisiens. Elle a été construite il y a environ 100 ans par Gustave Eiffel, qui lui a laissé son nom. Celui-ci voulait battre un record en élevant le monument le plus haut du monde : une tour de 300 mètres ! Les cathédrales les plus élevées ne dépassaient pas la moitié de cette hauteur. Gustave Eiffel avait son idée : “sa” tour serait construite en fer. Beaucoup plus légère qu’un monument en pierre, elle ne risquait pas de s’écrouler sous son

propre poids. Il fallut à peine deux ans – un exploit ! – pour réaliser chacune des pièces de la tour dans des ateliers et les assembler comme dans un jeu de construction en bord de Seine.
Avant de devenir le monument le plus visité d'Europe, la tour n'eut pas que des admirateurs ; on la trouvait souvent laide et on a bien failli la démolir à différents moments.

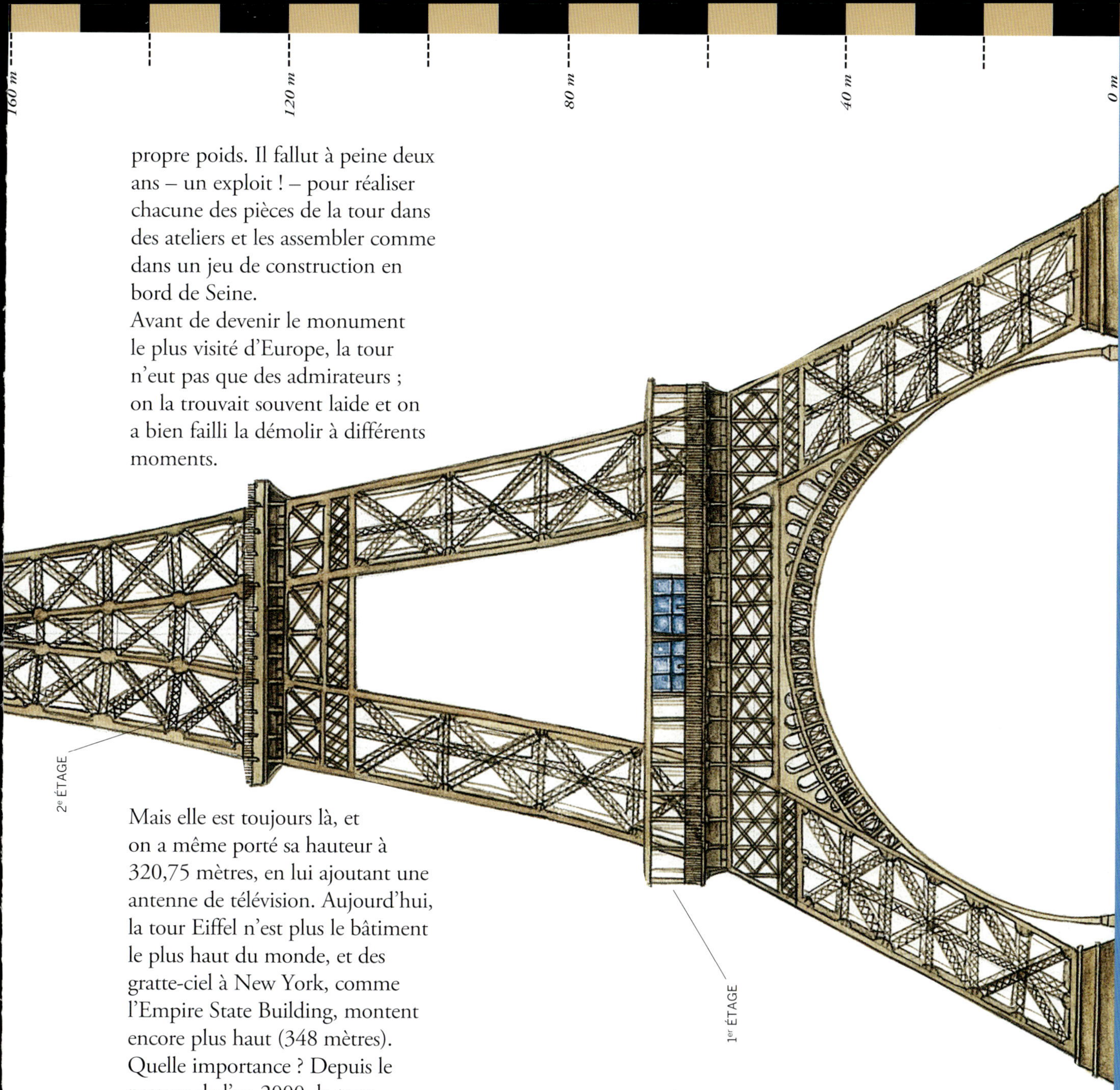

Mais elle est toujours là, et on a même porté sa hauteur à 320,75 mètres, en lui ajoutant une antenne de télévision. Aujourd'hui, la tour Eiffel n'est plus le bâtiment le plus haut du monde, et des gratte-ciel à New York, comme l'Empire State Building, montent encore plus haut (348 mètres). Quelle importance ? Depuis le passage de l'an 2000, la tour scintille dans la nuit, belle comme jamais.

Le musée D'ORSAY

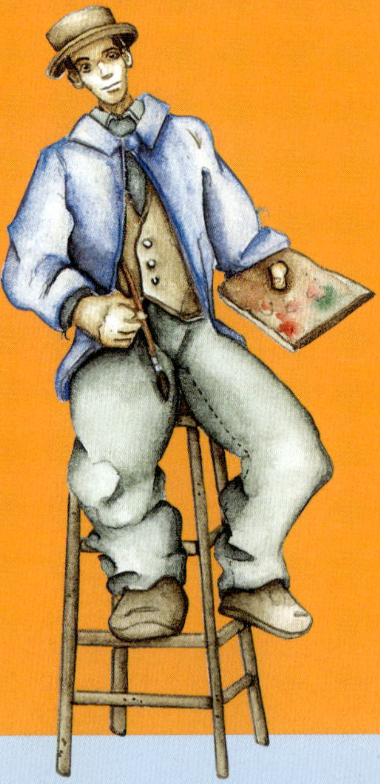

1, rue de Bellechasse, 7e arrondissement

Avant de devenir un grand musée, ce beau bâtiment était une gare. Pas n'importe laquelle ! La gare d'Orsay, construite en 1900, était la plus belle des gares parisiennes… et aussi la plus propre. Seules les nouvelles locomotives électriques avaient le droit d'y circuler ; finies les fumées noires des vieilles locomotives à vapeur !

Mais la gare n'était pas très pratique et devenait trop petite pour des trains de plus en plus longs. On la ferma donc, sans savoir qu'en faire, jusqu'à ce qu'on ait la bonne idée d'y installer un musée.
On y présente des sculptures et des peintures qui ont été réalisées il y a 100 ou 150 ans, mais aussi des maquettes… de monuments de Paris !

On voit à Orsay beaucoup de tableaux de peintres impressionnistes, c'est-à-dire d'artistes qui ont su utiliser par petites touches les couleurs de leur palette pour traduire les "impressions" qu'ils ressentaient devant la nature ou d'autres sujets : les chemins de fer, les voiliers, les drapeaux, les chevaux… ou même les petites danseuses de l'Opéra.

LE *Palais* DE CHAILLOT

Place du Trocadéro, 16e arrondissement

Plusieurs monuments parisiens ont été construits à l'occasion des grandes Expositions universelles, que l'on venait voir du monde entier : ce fut le cas du palais de Chaillot élevé en 1937 et qui posa un sacré problème à ses architectes. Le palais se trouvait en effet juste en face de la tour Eiffel (encore un monument construit pour une Exposition universelle), de l'autre côté de la Seine : comment construire quelque chose qui ne paraisse pas tout petit et ridicule à côté de ce qu'il y a de plus grand ? La solution était toute simple : laisser vide le centre du monument en y aménageant une grande esplanade – très appréciée aujourd'hui des as du roller ! Ainsi, la vue magnifique sur la tour Eiffel fait désormais partie du palais.
On installa aussi des jardins en pente vers la Seine et un très grand bassin dont les jets d'eau donnent une bonne fraîcheur les jours de grand soleil.

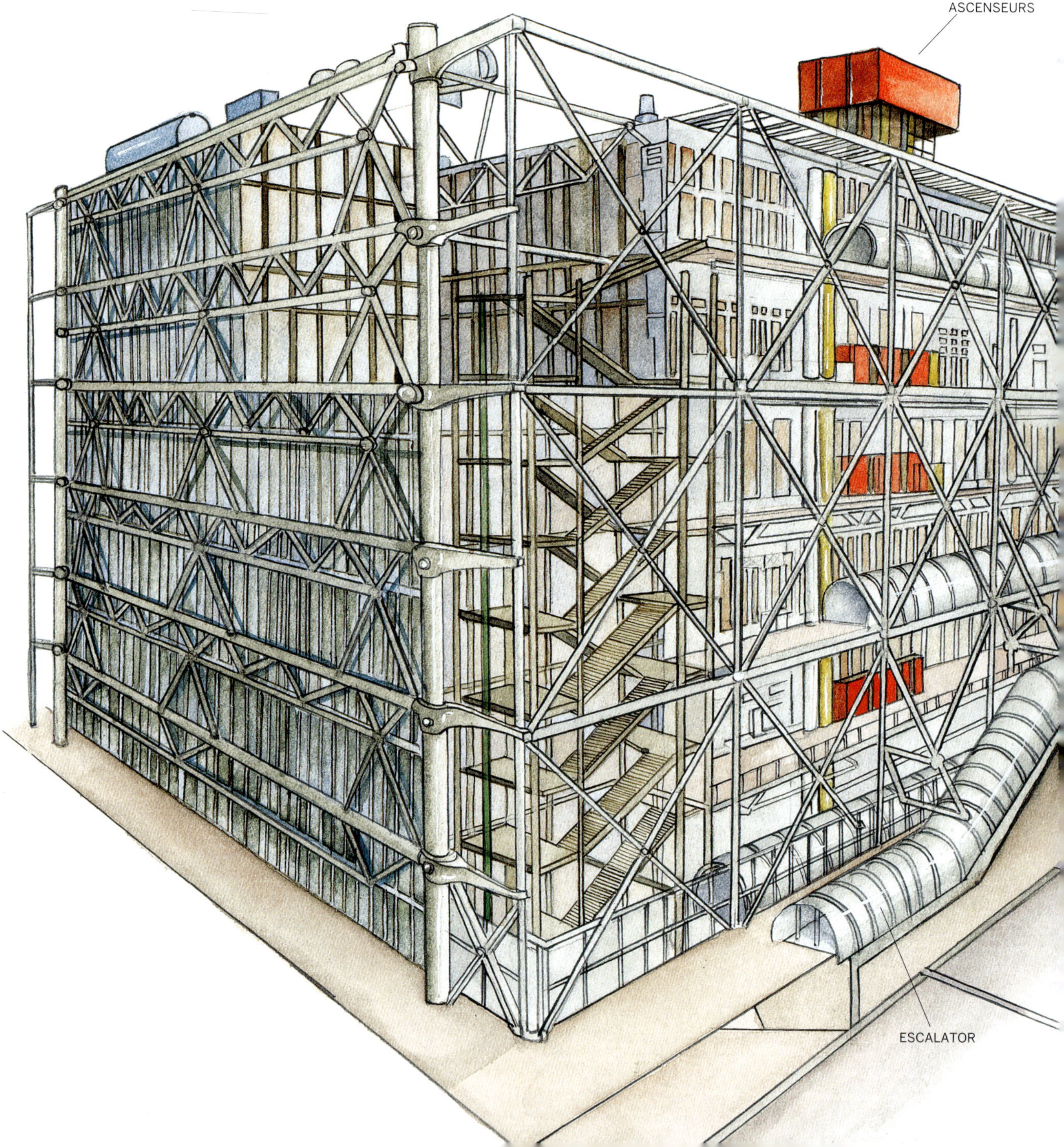
ASCENSEURS
ESCALATOR

Le Centre POMPIDOU (BEAUBOURG)

Place Georges-Pompidou, 4e arrondissement

Le Centre Pompidou porte le nom d'un président de la République qui aimait beaucoup l'art moderne et a décidé de sa création. Il a été construit sur un vaste terrain qui était devenu un parking pour les marchands de viande, de fruits et de fromages qui travaillaient aux Halles quand ce grand marché était encore à Paris et non pas en banlieue, comme aujourd'hui. Ce centre sert à beaucoup de choses : on y trouve un immense musée d'art moderne, une bibliothèque très fréquentée, des salles de concert, une salle de cinéma, un atelier pour les enfants…

Le monument, car c'en est un, ne ressemble vraiment pas aux autres. Ici, on n'a pas cherché à cacher les tuyaux, les câbles, les ascenseurs ou les poutres comme on le fait habituellement mais on a décidé, au contraire, qu'on pouvait tout montrer. Pour que l'on s'y reconnaisse bien, les constructeurs ont peint les gros tuyaux à l'arrière du bâtiment dans des couleurs différentes suivant leur utilité : les jaunes pour l'électricité, les verts pour l'eau et les bleus pour l'air. Du haut de l'escalator qui monte jusqu'au dernier étage, on découvre l'une des plus belles vues sur Paris.

LA CITÉ DES Sciences ET DE L'Industrie (LA VILLETTE)

30, avenue Corentin-Cariou, 19e arrondissement

Cette grande cité des Sciences occupe un bâtiment moderne et coloré dans le parc de La Villette. Dans ce parc, on traverse différents jardins aux noms poétiques (les Miroirs, les Brouillards, les Bambous…) et on ne manque pas de glisser sur la langue du toboggan-dragon géant. La cité est un musée très vivant. Qu'on s'intéresse aux avions, au cinéma, aux animaux, à la culture des plantes, au corps humain ou à un tout autre sujet, on peut être sûr que des ateliers ou des animations permettent de satisfaire toutes les curiosités. Il y en a vraiment pour tous les goûts et tous les âges.
On y trouve aussi des aquariums géants, des maquettes d'avions, une serre, un vrai sous-marin, une médiathèque pour les enfants… et cette drôle de grosse boule argentée qui abrite un écran de cinéma entourant complètement le spectateur. Attention ! Cela fonctionne si bien que l'on peut jouer à se faire peur.
Si c'est un film sur les fonds marins que l'on projette à la Géode (c'est le nom de cette drôle de construction), on oublie vite qu'on est bien gentiment installé dans un fauteuil de cinéma pour se demander comment on va échapper aux requins qui nagent autour de nous !

110 m
100 m
90 m
80 m
70 m
60 m
50 m
40 m
30 m
20 m
10 m
0 m
TOILE TENDUE POUR BRISER
LES RAFALES DE VENT
SOUS L'ARCHE

LA *Grande Arche* DE LA DÉFENSE

Parvis de la Défense, 92800 Puteaux

70 mètres de large, 110 de haut… qui dit mieux ? En tout cas, pas l'Arc de triomphe… qui a un peu la même forme mais en deux fois moins grand. La Grande Arche n'a toutefois rien à voir avec des victoires militaires ; si, il y a moins de 20 ans, on a ouvert ici le chantier de ce bâtiment, c'est plutôt pour poursuivre une sorte de jeu, commencé il y a bien longtemps, qui consiste à construire différents monuments de Paris sur une même ligne droite comme si elle avait été tracée avec une règle. On part du Louvre, avec la cour Carrée, la pyramide puis le petit arc de triomphe du Carrousel, on passe par la place de la Concorde et son obélisque, on continue par les Champs-Élysées, puis par l'arc de triomphe de la place de l'Étoile, pour aboutir à la Grande Arche. Quel sera le suivant ? Ceci dit, il faut bien avouer qu'on a dû un peu tricher en construisant l'Arche qui est légèrement en travers par rapport à l'Arc de triomphe : la raison est qu'il y avait des tunnels de RER et des parkings déjà aménagés juste en dessous. Tous les jours, des milliers de personnes viennent travailler à la Défense dans les grandes tours qui font penser à une ville américaine.

LE Château DE VERSAILLES

Place d'Armes, 78000 Versailles

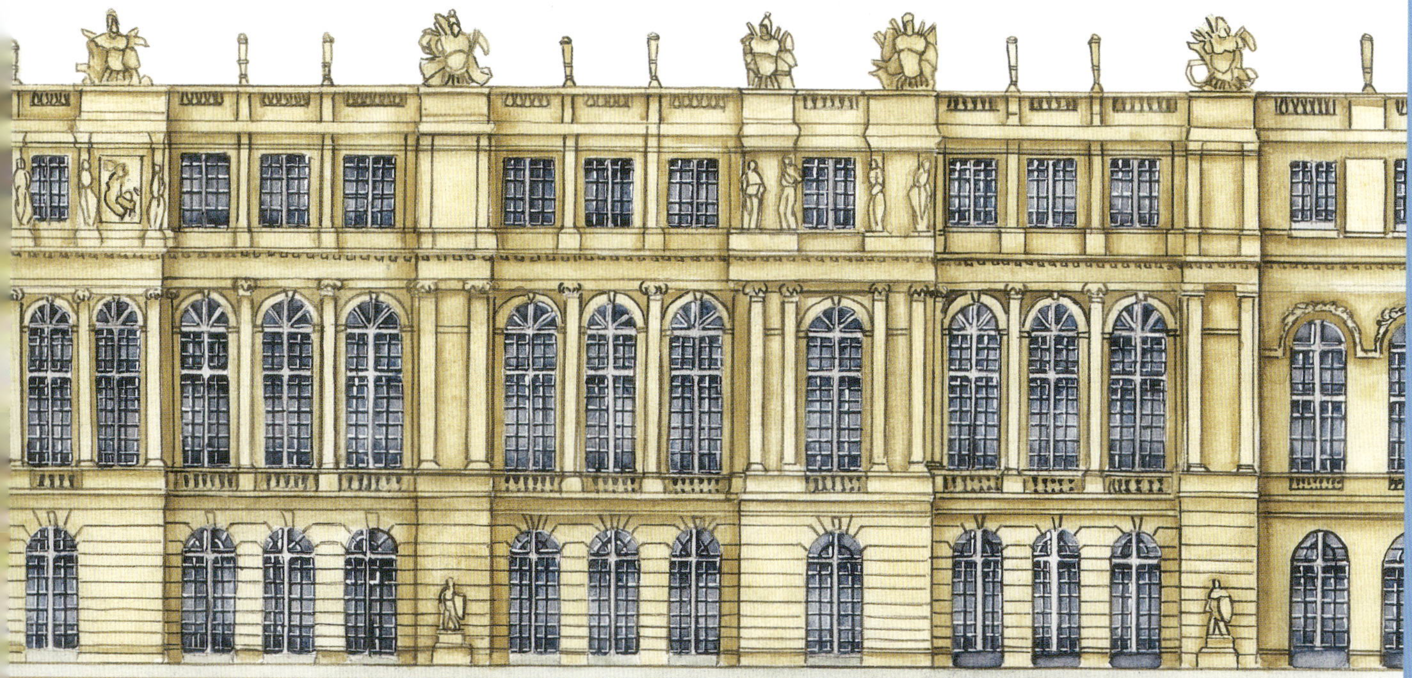

Louis XIV n'avait que 23 ans quand commença le chantier du château de Versailles, mais le jeune monarque savait parfaitement ce qu'il voulait : construire le plus beau château du monde, à l'image de la grandeur du roi le plus puissant de la planète. Il fit ouvrir des carrières pour extraire le marbre et la pierre dont on allait avoir besoin, créa des manufactures pour fabriquer les glaces, les tapisseries, les soieries et les porcelaines qui décoreraient le château, mit au travail près de 40 000 ouvriers… Et, quand les travaux n'avançaient pas encore assez vite, Louis XIV envoyait ses soldats manier la pelle et la pioche à Versailles !

Le roi s'intéressa particulièrement aux jardins que Le Nôtre réalisa à sa gloire. Le jardinier aménagea des parterres, des bosquets, des bassins et des fontaines… réclamant des quantités d'eau phénoménales alors qu'on en manquait à Versailles. Qu'à cela ne tienne ! Les ingénieurs du roi mirent au point des machines très compliquées et installèrent des canalisations sur des kilomètres pour faire venir l'eau d'étangs des environs ou de la Seine.

La chambre de Louis XIV se trouvait au milieu du château, au carrefour de l'axe formé par les pièces d'eau et de celui dessiné par la course du soleil, pour bien montrer que le roi était au centre de l'univers.

À la fin du règne de Louis XIV, le château de Versailles et ses jardins avaient atteint leur perfection, ressemblant au rêve qu'avait fait, 50 ans plus tôt, un jeune homme dont les pouvoirs sur la nature et les hommes étaient (presque) sans limites…

Direction artistique : Isabelle Chemin

Dépôt légal : juillet 2017

ISBN : 978-2-37395-040-3

Loi n° 49-956 du 16 juillet 1949 sur les publications destinées à la jeunesse

Achevé d'imprimer en UE en février 2019